Este permanecer en la tierra

Museo Salvaje

Colección de Poesía

Poetry Collection

Wild Museum

Angélica Hoyos Guzmán

ESTE PERMANECER EN LA TIERRA

Prólogo

Rómulo Bustos Aguirre

ABISINIA

Nueva York Poetry Press®

escarabajo

Nueva York Poetry Press LLC
128 Madison Avenue, Oficina 2NR
New York, NY 10016, USA
Teléfono: +1(929)354-7778
nuevayork.poetrypress@gmail.com
www.nuevayorkpoetrypress.com

LIBRO EN COEDICIÓN SIMULTÁNEA:
© Primera edición en Buenos Aires, 2020, Abisinia Editorial
© Primera edición en Bogotá: 2020, Editorial Escarabajo S. A. S.

Este permanecer en la tierra
© 2020, Angélica Hoyos Guzmán

© Prólogo: Rómulo Bustos Aguirre

ISBN-13: 978-1-950474-82-0

© Colección Museo Salvaje, Vol. 26
Poesía latinoamericana
(Homenaje a Olga Orozco)

Corrección literaria: Fredy Yezzed y la autora.

© Concepto de colección y edición: Marisa Russo y Eduardo Bechara
© Diseño de colección y cubierta: William Velásquez Vásquez
© Fotografía de autor solapa: Fredy Yezzed
© Fotografía de autor interior: Mireia Nin
© Fotografía de portada: Engin Akyurt en Pixabay

Hoyos Guzmán, Angélica.
Este permanecer en la tierra/ Angélica Hoyos Guzmán. 1a edición New York: Nueva York Poetry Press, 2020. 106 p. 5.25 x 8 inches.

1. Poesía colombiana. 2. Poesía sudamericana. 3. Literatura latinoamericana.

*A Nancy Guzmán y Ángel Hoyos,
por las cicatrices para la libertad.*

NOSOTRAS, PÁJARAS DE LUZ

Sin duda el designio poético de Angélica Hoyos Guzmán está más cerca de la *hybris* de Aracne, que la lleva a desafiar a los dioses, que de la astuta fidelidad de Penélope para alejar a los pretendientes. En todo caso, su tejer y destejer revela su primigenia raíz en el ámbito ancestral de las tejedoras Wiwa, y está más próxima a las mujeres del Yuruparí que del gineceo.

Hilar, trenzar, tejer, enlazar, coser… verbos plenos de complejas resonancias a través de los avatares de las culturas, siempre moviéndose -alma adentro- en recurrentes constelaciones simbólicas femeninas.

Pachamana, *llena eres de gracia*… el fulgor de esta declaración, que urde un laberíntico encuentro/desencuentro de dos grandes y evidentes imaginarios, nuclea e hilvana, con diversos registros, los tres momentos de *Este permanecer en la tierra*. La madre tierra que cuando se mira al espejo es igualmente la madre agua, el océano primordial, el territorio no visible y germinal de *Aluna*.

Pero ¿cómo permanecer en esta tierra cuando se ha herido la raíz? ¿es posible rebrotarla? De alguna manera esto constituye el movedizo nudo sobre el cual gira o se desplaza, se contrae o se extiende, intentando deshacerlo, la palabra. Una de las representaciones más sugestivas y certeras del animal humano en el mundo moderno la encuentro en la pregunta de Américo Ferrari:

¿Y quedará todo cortado
para siempre

y sin raíz?
¿Y quedará ya solo un dolor en el aire
y tronchada
una raíz?

Szymborska en su tono lúdicamente "metafísico" nombrará ese nudo que dibuja al hombre en la modernidad, como la pérdida de la facultad de *hacer parte*: Un expatriado que toca inútilmente la puerta de la piedra:

—No entrarás —dice la piedra.
Te falta el sentido de ser parte.
Ningún otro sentido sustituye al de ser parte.

Angélica Hoyos Guzmán habla de la urgencia existencial de este nudo cuando pone en boca del yo su lírica ofrenda y exigencia:

Entrego al mar el pagamento:
mi sangre corre y pido pertenecer.

La piedra, en verdad, no tiene puerta. Ella es toda apertura. Es el hombre quien imagina la puerta. Y la empestilla. Una antropología de la no participatividad: he aquí al hombre contemporáneo. Con su racionalidad sesgada. Con sus alas abrasadas. Mendigo de sí mismo. Automutilado.

Sobre ese nudo danza o entorcha su delirio la bruja, la *saga*, la chamana con sus dos bocas, que, así como proclama su poder, bífidamente, declara su impotencia. Y, por supuesto, abre también su tercera boca: la augural, la deseante, la que ensueña la sutura de la intemperie. Se trata de un nudo corredizo, movedizo, no de un nudo gordiano. Y no se trata de cortarlo a filo sino de correrlo, habitarlo en toda su ciega abismalidad y transmutarlo o retornarlo a su condición primordial de cordón *omphálico* cuya radiación debe permanecer abierta, en flujo. Esto lo sabe la bruja, la *saga*, la chamana que porta la palabra. Pero, a ratos, parece olvidarlo y entonces se desdice, o se extravía dentro de sí misma, o es suplantada por su sombra. La voz se enmascara. La voz prueba el lado amargo. La voz fustiga, ironiza y desvela violencias. Se abisma. Y de nuevo resurge.

Salta a la vista la continuidad de trazos entre este poemario y la ópera prima *Hilos sueltos* (Madrid, 2014). Esta marca inicial dibuja un desolado diagnóstico del hombre, una metáfora inhóspita del mundo: *una costura repleta de agujas sin hilos ensartados.* Y aquí otra vez la voluntad de tejer... y nuestra condición deshilvanada:

Nuestra confusión fue buscar juntarnos los pedazos,
no reconocer cada fragmento como parte del todo.

[...]

El hilo de lo que fuimos no volverá a tejerse.
Los caminos eran muchos
ahora sólo somos la costura que hilvanan de nosotros,
alguien nos reconstruye para su propio abrigo.

La imagen de los hombres de paja de Eliot resuena en esta urdimbre rota. Y, sin embargo, el juego de las transformaciones: la posibilidad del vuelo.

Miro de nuevo mi espalda, empiezan a brotar un par de plumas, luego otras, luego las espirales, sobre todo el contorno; hacia adelante hay un infinito y el mundo se vuelve una hoja de carga para las hormigas.

¿Pero raíz o ala? No. Más bien Alaraiz. Riazala. Ziarala. Raizala. Una raíz desraizada con voluntad de vuelo.

En el primer momento del texto, la voz lírica exuda cercanía a las matrices *mitopoiéticas*, se reconoce en un nítido linaje:

Las sagas wiwa,
las bailadoras del tambor,
las mujeres del corazón del mundo

[...]

Nosotras, pájaras de luz,
en las montañas entregamos la sangre
que viene desde el centro palpitante.

Reconoce su filiación en la doble labor de las sabias abuelas: tejer la urdimbre, la trama / tejer la palabra. Palabra-conocimiento, palabra fundante, palabra-mundo...

Aquellos hilos como una caligrafía
para reparar el mundo,

[...]

para que la niña
olvide de vez en tanto
su orfandad salvaje,

[...]

Tengo las manos viejas,
duele el tejido a ras de palabra.
Del mismo frío
la piel se cubre dos veces.

Sin embargo, la voz lírica, la poderosa palabra cha-
mánica, en verdad, no es sólida, se quiebra impotente, se
desdice en su *orfandad salvaje,* en ese *frío* asimismo –de otra
manera– originario que necesita cubrirse dos veces: con el
tejido del manto, con el manto de la palabra. Mas ya no se
trata de la palabra fundante sino de su desdoblamiento en
palabra poética. En irrisoria, en precaria palabra poética.
Torpe balbuceo que apunta a la Poesía, pero que siempre
yerra y se derrumba pedregosa en mero poema. El esplen-
dor de la Poesía abandona a la voz lírica ahora habitante
del exilio.

El tránsito del exilio, el verbo nómada, ese incómodo
e incomodante *permanecer en la tierra:* esa geografía de ausen-
cias de los *hermanos menores.* He aquí el segundo momento
de la palabra. Es también el momento de la apuesta por la

vida, del duelo de sí misma y del hablar por el otro. De la invectiva y la compasión.

El poeta en la modernidad es, de suyo, el que padece la lucidez del exilio, el extraño, el maldito de Dios, el que emborrona los márgenes, el que *no es bueno de una manera conocida*, el errante en ardua crisis de nostalgia. Por ello, el tercer momento será una apelación a los *raros*, esa heteróclita asamblea en que dialogan Vallejo, Sor Juana, Whitman, Roque Dalton, Gómez Jattin o Silvia Plath. Una confabulación radical de los expulsados del paraíso.

De la mano de Blanca Varela, será la tercera boca la que al final —en el ensueño de descorrer el pestillo— dirá en los versos de cierre del poemario, acudiendo al llamado de los ancestros:

Vinimos a escuchar la fuerza del mar,
vinimos a nacer de nuevo.

.

Porque al principio era el agua. *Primero estaba el mar...*
Sólo estaba la madre mar. Y al final también.

RÓMULO BUSTOS AGUIRRE
Cartagena de Indias, marzo de 2020

Con tres heridas yo:
la de la vida,
la de la muerte,
la del amor.

MIGUEL HERNÁNDEZ

El dulce tronar del agua

Lo que te estoy escribiendo no es para leer, es para ser.

—COSTURAS—

A María Villamizar y Alina Díaz

Tengo las manos viejas
llenas de letras y llagas
que estallan de agua.
Un ardor se expande entre los dedos.
Lo supe desde niña,
tengo estos versos poblados de torpeza.
Heredé de mis abuelas
las ganas de coser muñecas,
la flor de la artritis
rodeando la sábana de algodón,
su forma de ver las estrellas
y hacer del cielo un manto
para los recuerdos.
Aquellos hilos como una caligrafía
para reparar el mundo,
un conjunto amarillo
para que la niña
olvide de vez en tanto
su orfandad salvaje,
el dolor al nacer antes de tiempo.
Tengo las manos viejas,
duele el tejido a ras de palabra.
Del mismo frío
la piel se cubre dos veces.

TEJIENDO EL CORAZÓN DEL MUNDO

A Fredy Yezzed,
por la orfandad que nos hilvana.

Las sagas wiwa,
las bailadoras del tambor,
las mujeres del corazón del mundo,
sabemos que en el tejido
juntamos palabras vivas,
tocamos la tierra
con la planta del pie desnudo.
No lo deshacemos.
Homero soñó y nos cantó,
como Ulises y Penélope
condenados al exilio del amor.
En el corazón del mundo
nos elegimos en cada encuentro.
Atamos las estrellas hablando con el mar,
nuestra lengua es fuego
que cierra los cabos de lana,
cantamos en los caminos de hormigas,
rugimos con los jaguares de la montaña,
dejamos el rastro,
el paso de los hombres que se irán,
los despedimos para seguir enlazando,
sin desbaratar dibujos en nuestras mochilas.
Las mujeres del corazón del mundo
ponemos nudo y punto,
infinito y gestación,
días de amar adentro con paciencia,

de oración para las luciérnagas
que encienden el tronar dulce del agua.
Nosotras, pájaras de luz,
en las montañas entregamos la sangre
que viene desde el centro palpitante.
Allí, te guarecemos hombre y toro,
sobre una piedra anciana del río,
te recibimos en el cuenco renaciente,
a ti que vienes de tocar
el dedo oscuro de la muerte,
te acunamos en mi beso
donde la luna y sus caras
se abren como magia de la noche.
Soy la que teje en el sueño
que cantaron mis Ancestros
donde tu y yo somos viajeros del hilo,
barqueros del lienzo oblicuo del sol.

TORPE BALBUCEO

del aire amargo
la sospecha
de un ángel devorante.

IDEA VILARIÑO

Mi madre
—la poesía—
piensa que todo lo invento.
Mi dolor es prepotente.
No me perdona
irrumpir su regazo,
soñar en ella,
poner mi cabeza entre sus manos.
Me dice:
mala hija
nunca es suficiente.
No sabe cómo amarla
este torpe balbuceo,
este sollozo que busca merecerla.
Este permanecer en la tierra
y en el aire amargo.

NÓMADA

Los nómadas no tienen historia
solo tienen geografía.
GILLES DELEUZE

Mi mapa es el Caribe.
Las olas me acunaron,
las ruinas me hicieron germinar,
la sal reptó en mi cuerpo mientras aprendí el silencio.
Conquisté la sabana con los ojos tristes.
Aullé bajo un trupillo y me hice un padre
y una madre de turno.
Me conmovieron las flores en los árboles más altos.
Mi madre me llevó a su ciudad.
Recuerdo la arena pegándose al cuerpo,
amarilla la boca cuando reí,
un vestido de lunares coloridos,
el carrusel en el parque,
un largo callar frente a desconocidos.
Nací también en las montañas,
sola caminé entre los prados y humedales fríos;
hablaba sola y con los perros.
De regreso me hice árbol.
Anidé en esta orilla y en esta luz,
escapé y retorné tantas veces
como marcas de caídas en el cuerpo,
marcas con la rasuradora en las piernas,
marcas en el estómago del hambre y el licor,
marcas de tristeza en los dientes,
marcas en la boca de tanto callar.

No sé cuándo nací exactamente,
sé que pudo ser después y tantas veces.
Mi madre me quiso viva;
un esclavizado la violó,
ahora es blanca y antes ella también fue
un blanco violador de mujeres,
un hacendado español.
Sé que mi madre estuvo sola y tuvo un mapa
en donde dibujó temores y puentes.
La herencia con la que nací ha quedado en otros,
dejé los meridianos y los rastros
para no caer en la ilusión de ser alguien.
He nacido a destiempo,
dejo mi nombre en la fila de mármol
bañada por el rocío y los claveles de la mañana.

LA HERIDA

¿Qué puedo hacer con esta raíz flotante
en el humo de las casas donde nací?
Me he encontrado con mujeres
que vienen desde los guayacanes.
En silencio veo lo que me ofrecen,
cómo sobreviven a las jaurías.
La tristeza me abraza y no me suelta.
Necesito ser arroyo abundante
para el jardín que cultivo.
He sido yo quien ha abierto la costra y sangra,
quien pone amor en las suturas,
quien habita la cicatriz cada que renace.
Estoy agotada y quiero desbordarme en vida.
No pido disculpas, cargué demasiadas piedras.
Agua clara que alimenta al sediento,
seguiré rumbo al río desde la entraña.
Bajo el sol como verdugo endemoniado,
entrego al mar el pagamento:
mi sangre corre y pido pertenecer.

COLECCIÓN DE AUTORETRATOS

I

La marimba suena, ¿la escuchas, madre?
Es la canción que ofrenda mi pecho cansado.
El reflejo de los otros se ha hecho grande.
La melodía expande el mar encrespado
con las gotas de lluvia sobre él.
No hay mal recuerdo contra ese canto.

II

El espejo no me reconoce.
Me paro frente a él y está vacío.
¡No te asustes, padre!
Tus palabras ya no pueden quebrarlo.
Soy esa ausencia donde puedes asomarte.

III

"La vida es un canasto que uno teje y teje
dulcemente como las abejas".
Abuela, con tus palabras trenzaste
una noche de ángeles protectores,
una muñeca de trapo en los patios de la infancia,
un beso en la madrugada después de las pesadillas.

Angélica Hoyos Guzmán

IV

Desarmaste mi sombra con tu primer llanto.
La vida me retornó con tu mejilla tibia.
Llegaste en la noche, hija mía,
            como una lluvia de luz.
Te guardo en la cuna de mis brazos.

V

Yo encontré vida en tus galaxias,
mi pequeño astronauta.
Quiero ser tu estrella,
voy de tu mano hacia el tiempo.

VI

Mañana, sobre la montaña,
          seré la *Eva octogenaria*,
emperatriz de las manos
          que acarician mi pelo.

NAVE ESPACIAL

A Miguel Ángel

La máquina tiene sus engranajes,
siento como se hincha el músculo
después de los golpes.
La mente va a todas las habitaciones
pero la máquina sigue en el sótano.
¿Quién maneja este artificio
entre mis parietales?
Las células viajan y estoy perdida.
Un caudal de ficciones me invade la sangre.
La memoria refleja la máquina,
la claridad es eso,
manejar los cohetes sin trastabillar.
Cenaste pesado y estás enferma.
Dios te inventa un planeta,
pero el cansancio rasguña los labios.
La máquina necesita silencio,
todo lo que eres sucede aquí y ahora.
Mi niño aprende a manejar los cohetes,
abre las puertas mientras canta.

Angélica Hoyos Guzmán

TRÍPTICO DE HADAS

A Adangely

No te hablé de la soledad
de la rosa marchita
que expande su aroma.
Tampoco te enseñé
a negar las cadenas,
a gozar de tu existencia
saboreando la luna
balanceada desde la hamaca.

Nadie te enseñó
las batallas perdidas.
Nadie te dijo
a la espera de la tarde:
"la voz de tu madre te cubrirá
con su cuerpo,
querrás no repetir el eco,
no sanarás esa herida
sin reconocerla a ella
en tu mirada".

En casa no me hablaron del espejo.
Mi madre no me dijo:
"perdonarte será abrir los brazos
y sentir tu pecho cerca,

juntar el derrumbe
de tu alma de viento y barro".

Nadie escuchó a la madre:
"su silencio amontonado
entre las ruinas,
el ruego y el amor por nosotros,
su cuerpo aun meciéndome,
aun meciéndote,
en una noche de fiebre".

FRENTE A LA LUZ

Ella es una niña de tres años,
—se sienta en las piernas de los tíos—
una boca besa su sexo.
Ella es una joven ebria
con tres novios en la misma sala
que no ha muerto en el intento.
Ella es una soledad en llamas
frente a la hoguera de objetos rotos
en manos de sus maridos celosos.

Mi sombra es la suma
de tres heridas en el cuerpo:
Niñas que crecieron con la rabia adentro
como gatos con ojos relucientes;
muchachas en bicicleta
que desearon ser atropelladas;
mujeres que limpiaron los golpes
y la vergüenza con el silencio que las acusa.

Hay mujeres que somos tres sombras, tres heridas.

VIDA INTERIOR

La guerra es en las venas
y la vida cobra sentido
con el susurro del mar.
Afuera es grito, un juicio,
el dedo acusador del dolor.
Afuera flota la amenaza.
Adentro colapsa el mundo,
cae como la torre del tarot,
como las torres gemelas.
Soy la emperatriz
que guarda el huevo, la grávida,
la madre de lo que resta.
Pachamama, *llena eres de gracia.*
Adentro la sangre se desanuda,
el agujero me habita.
Me cuido,
me arrullo en la guarida,
me nutro,
salgo
como una palabra, diáfana.

REPARAR LO OSCURO

Abro el subsuelo de esta casa
y descubro la cimiente destruida.
Faltan las sillas,
la llave del baño gotea,
las cucarachas se espantan ante la claridad,
avistan lo oculto para reproducirse.
La orquídea de la mañana amanece calcinada
y el perro huye ante mi presencia.
Me queda una planta bajo la escalera,
limpio sus hojas,
barro las capas de polvo,
deshago piso a piso,
tierra bajo tierra,
repito la medida construida.
Aquí estoy con el cincel
sacando lo perecedero.
Los cadáveres señalan
el tambor del asesino.
El brote de la flor dice:
fueron demasiados.
Beso las heridas en sus cuerpos.
La casa esparce las hojas de la
Afelandra; con mano delicada
abono y riego de nuevo.

PASADO

El alma, de no entregarse con toda el
alma se va muriendo.

BERTOLT BRECHT

Levanto una palabra
y descubro luz después de ella.
Detrás de mí,
en la mirada de mi abuela,
ella susurra una plegaria a las estrellas.
Me veo anciana y ungida
con el agua desbordante en los ojos,
con el misterio de los soles adentro.
Sabe el cielo más que nadie:
en el camino de la incertidumbre
el retorno nos libera.
Nos propone un poema
doloroso y distante de los cuerpos.
El sexo, que también reza,
enciende sus hojas
caídas en el río.

CARTA DE LA BRUJA

Ya que tiene una casa
busque señor una mujer normal
y haga un hijo.
Manifiéstese en el vientre
la alianza nueva y eterna
que su vida necesita, siente cabeza.
Las mujeres como yo amamos mal,
somos resabiadas, salvajes,
no entendemos de cadenas
así haya hijos, compréndalo bien,
no podemos cuidar más que nuestras sombras.
Somos egoístas,
lectoras, implacables con nuestros aprendizajes,
desde niñas desdeñamos convenciones.
Busque una mujer normal,
de las que no cuestionan,
mudan la piel con dibujos nuevos,
y si se los tatúan es para recordar,
no para marcarse como vacas;
de las que no buscan una voz,
ni resuenan en la trashumancia.
Créame, son muchas.
Nosotras también las amamos a ellas,
pero no somos la que usted necesita.
Busque una mujer como la de Lot,
una que acepte el pronombre posesivo
una estatua de piedra.
No a Medea, no a Medusa, no a las brujas,
heredamos magia de nuestras abuelas.

Busque una mujer que no venga de su propio corazón,
que no rechace el misterio del reflejo suyo
engrandecido en el espejo,
que no tenga sed y hambre de vida.
Somos como piedras en el zapato,
hinchamos los dedos,
exigimos amarnos de igual a igual,
pedimos quemar hasta la ceniza como la damos,
somos cíclicas y cambiamos como las fases de la luna;
nos gusta hacer alquimia con el sexo,
amamos cada centímetro del pie
y usted se puede escandalizar con el deseo.
Busque una mujer que sea imposible de conquistar,
no una que lea en su alma
algo más allá del brillo de los ojos,
no una que duerma con usted en la primera cita
conmovida por la música que brota de su pecho.
Ella ve una pirámide que se enciende dentro suyo,
ella sabe que lo ha amado antes
y ahora lo vuelve a conocer.
Busque una mujer
cuyo nombre aparezca al lado suyo en la foto.
No aquellas que preferimos la intimidad
reservada de dos en un par de copas.
Busque una que no tenga preguntas,
que disimuladamente se haga la vida con usted,
como atrás, como esperando el permiso para respirar.
No una compañera para crear en el mundo,
no una para crear el mundo,
no una mujer gozosa y amante del barro,
no una que bebe a sorbos los caminos,

que ama sus demonios,
y los libera a pesar de usted.
Ahora que ya tiene casa
y si el ánimo persiste y las normales no le calzan,
ajústese el cinturón durante el vuelo.
Verá usted valiente,
lo que es amar sin recetas, ni mujeres imaginarias.
Hágase responsable de su propia metamorfosis.
Ahí van dos, que no son uno
sino el múltiplo de lo humano
sobre la tierra nueva, habitando su raíz
según el ritmo del tambor que los lleva.
Si de terco la sigue buscando y se arrepiente,
suelte las plumas y cante clarito
con el sol entre el pico,
que ella también sabrá bailar a solas
o con otras mujeres y hombres salvajes.

La simetría natural

La vida es una noticia conmovedora.

BLANCA VARELA

LLAMADO A LA POESÍA

Sigo aprendiendo a no saberte.
Ven a mis manos con tu semilla,
quiero acariciar el tiempo en tu cuerpo,
con mi paladar deshacer vetas oscuras
llevarte sin atajos a donde el sol rebosa.
En el río nos espera
el sexo abierto de las margaritas silvestres.
Hazme las mil mujeres que te faltan.
Engéndrame de ti,
como delirio que baja los escudos
y háblame del silencio,
la lluvia sobre el mar en nuestro vuelo.
Estoy contigo
desde el brote de la raíz en tierra,
resplandor que grita el trueno.

ESCRIBIR LO QUE QUEDA

Hagamos que suceda
soplemos con el huracán
y que inunde los nevados,
no las casas de tristeza.
Rebosemos con lluvia los ríos,
dejemos segura la esperanza
como oruga entre los huesos.
Despertemos sin jugar el pesado juego
de acercarnos al límite,
ver en la oscuridad y volver de allí.
Un día no regresaré,
no volverás a ser arcilla,
ninguna palabra podrá ascender.

ALGORITMOS

La sed busca la lluvia,
la arena se esparce con el viento,
las huellas se hienden en el barro,
la luna mueve las mareas,
la savia empuja desde la tierra.
La justicia es la simetría natural.
También tú y yo:
cada uno con su raíz
como árboles distantes que se abrazan,
como cielo que encuentra su cauce.

JAGUAR HEMBRA

Los lunares de su pelaje
se cansan de cargar el peso del sol.
El vaivén del cuerpo
hace las pisadas lentas y profundas.
Los saltos ya no son ágiles.
Se asoma desde la cueva, vuelve,
se dispone a parir allí,
donde nadie invada
la ceguera de sus cachorros.
La primera mirada que los recibirá
será insomne, agraciada y luminosa.
La tierra les abrirá sus garras,
les afilará los colmillos,
los verá brillar bajo el umbral.
Lo sabe aquella madre:
todo nacimiento
      es un trozo de carne
           a la soledad.

LUZ DEL ALMENDRO

¿Cómo sueña una flor suspendida
desde el brazo de un almendro?
¿Qué pasadizo dibuja su sombra
aterrizando sobre el polvo?
¿Qué voz susurra entre sus frutos?
¿Qué sienten mis párpados
               tocados por el sol?

SEMILLAS DE ROBLE

Eres un brote de roble
a la intemperie de la noche.
Una semilla sobre páramos y ríos,
una pelusa con la que los niños juegan
como en los días de la creación.

Caes de súbito sobre la tierra seca.
No hay tronco, huecos para germinar.
La lluvia se hace lodo y crece desde el vientre.
En la aridez, dando tumbos, eres la vida.

MUNYI
[Mujer en lengua kogui]

Vengo del fuego
y voy hacia el agua.

A mi paso abro la grieta
y corto la carne.

Ardo en la herida
y resplandezco sobre la playa.

CAMALEONES

Me sumerjo en el muro
y la ruina hiende mi piel,
estoy teñida de este sabor a cal.
Ni siquiera me cubre
un pergamino de cayenas,
un papel de colgadura
de aviones y primates.
Nada más este muro y yo,
la pintura rasgada que sangra,
el ladrillo que se asoma.
Me derrumbo escondida
entre escarchas.
Los ácaros me viven de noche,
se aman y se reproducen.
Lo miro, lo señalo, y sé que existo;
dejo aquí este autorretrato de nadie.

EL IDIOMA DEL VIENTO

Es difícil escuchar
el idioma de los cuerpos.
Si fuerzas el tímpano
se siente la estridencia
de acordeones dañados,
es la música que tensan los colonos,
es el país extraño que trae el turista.

Los animales disuenan
cuando tratan de hablarme.
Llevo el sufrimiento de la vaca
cuando el hombre mastica.
El dolor del caracolí talado,
del alacrán exterminado
a manos de una mujer.

El lamento del primer hombre
que asesinó a su hermano.
La historia borrada de los pueblos.

Mi sangre es de Alcatraz,
me poso sobre las aguas del río Buritaca,
anclo en su desembocadura.
Allí escucho el palpitar marino,
la bruma de mariposas saliendo de mi boca.
La vida es mecerse sobre la ola
y esperar el cardumen en la corriente.

Escucho el idioma del viento;
soy el pájaro, la ola, la bruma, los acordeones:
la entrega del agua sobre mi cuerpo.

HIJOS DE LA LLORONA

Madre, ahora que nos perdiste
estamos en peligro,
lejos de ti siempre,
entre el ruido de las mezcladoras.

En tus venas de petróleo
corre el agua que te agrieta.
Estás enferma de darnos savia,
de parir en tus sedimentos
el veneno que devolvemos al aire.

Te cansaste de llorar por nosotros
nos buscaste como animal herido
frente a las iglesias.

Apareces como los mares
en los que tememos desembocar,
lamentamos la sal que viene de tu cuerpo.

Poesía exiliada entre el humo,
canta con tu voz de emperatriz,
báñanos con los ríos que aún no nacen.

DOCUMENTAL SOBRE LA MIGRACIÓN

1

"—Cuando crezca voy a estudiar.
Saldré de la calle,
ganaré dinero,
daré a la gente que vea pidiendo.
Yo sé lo que es el paraíso en llamas".

2

"—No tengo donde dormir,
pero te brindo mi cobija bajo la palmera,
sé que es muy duro arder en la calle,
no hay palabra para el frío".

3

"—Por la noche
nos escondemos en estos matorrales,
no sabemos adónde nos lleve el auto rojo".

4

"—Nos recuerdan que no somos de este jardín.
Nos piden un documento y un padre.
Nos expulsan otra vez".

5

"—Migramos como huérfanos
y lo sabemos: vendrá la muerte
y no tendrá los brazos de mi madre".

HOTEL LOS ANDES

Siguen apareciendo los cuerpos fecundos del deseo.
Alguien ama mientras alguien asesina.
Un joven pagó la habitación 202 para su viaje.
Sospecho que no dejó hijos con hambre.
Eligió caer a mano propia,
antes que la batalla de la fiebre en los hospitales.
Nadie supo de sus sueños con naufragios.
Tal vez perdió a su padre y a su madre,
la orfandad de los otros en los huesos.
Tal vez amó a una mujer o a un hombre.
Su cadáver no fue visto por las aseadoras, los viajantes,
el poeta que se hospedó aquel día de agosto.
El solitario no pudo domar sus veintiséis años.
Habla de una vida sin el asombro de la luz,
un río turbulento apagado por pastillas,
un manojo de cartas jamás enviadas.
Me niego a pensar que había un hijo
en esta historia de amor.
Tal vez tenía una cita en otra vida.
La madre continúa rumbo al quirófano
convencida de que hay otra playa y otro mar.
Hace tres días un puma se extinguió,
y las moscas dibujan un rostro en aquella puerta del hotel.
En la lengua este dolor que nadie aguanta, y escribimos.

Angélica Hoyos Guzmán

CEMENTERIO SAN MIGUEL

Nadie se queja frente a este portón republicano.
Los floristas siempre han vendido en silencio
sus girasoles, las margaritas y los pompones
con una radio de fondo.
La garganta enardecida del fútbol
rompe los tallos de los claveles y los lirios.
En esta calle blanca —espalda del pasado—
se duerme para siempre entre el granito
y la tambora del carnaval.
Un grafiti desteñido del Arcángel Miguel
aparece ante los caminantes.
Adentro todos guardan compostura y recato,
no sirve de nada la protesta, la asamblea,
para adoquinar la calle
—patio trasero y vena principal—
de una ciudad dormida.
A los vecinos de este barrio inmóvil
les llega el rugido de los autos
y el clamor cotidiano del acordeón.
"Agua para las ánimas" rezan con
aguardiente desde la tienda de la esquina.
La calle y el pasado no empujan hacia adelante.
El futuro es un sol lleno de pregones.
Dice San Miguel Arcángel:
Ya no valen las palabras
Todos olemos igual.

¿CÓMO NOMBRAR ESTE CUERPO?

Su corazón es el de un niño huérfano.
Un puñado de susurros llena el esternón
y las costillas de una mujer olvidada
en algún potrero de Ciudad de México o de Bogotá.
El cráneo que yace sobre la mesa de disección
no es el de Otelo.
Una anciana posa con una hendidura en el parietal
izquierdo; sus pómulos pronunciados preguntan:
"¿Quién regará mis romeros en la mañana?".
Un adolescente presta el fémur
y la tibia aún sin clasificar.
Un caucásico dona las falanges de las manos
para completar el cuaderno del forense.
Pesa el aire de los muertos sin nombre.
Se levantan pidiendo arrullo:
"Todos los huesos hablan penan acusan
alzan torres contra el olvido".
Los escucho como una madre cuando
lloran los hijos sobre su falda.

Angélica Hoyos Guzmán

UN MUERTO ES TODOS LOS MUERTOS

Yo soy esta ciudad
decapitada por mi espada,
donde siempre otra cabeza asoma.
Un odio viejo como maldición
anclada en el puerto.
Me hinco ante la hidra,
en pie levanto los pedazos del monstruo.
La luz baña el torso abierto
y un halo vuelve la sangre lluvia.
Dejo el delito en este poema,
evado la batalla de esconderlo.
Alumbro la hendidura,
abrazo el esqueleto con palabras,
lo pongo en tu boca oscura,
antes de que el olvido amanezca,
antes del disparo del sol sobre la tierra.

LOS AMANTES DE NUEVA VENECIA

Mis senos caen como dos gotas de lluvia. La habitación está inundada de silencio, absoluto, sacro y alegórico, como un bosque que está en medio de dos montañas. Una marialucía se posa sobre una rama y el eco se extiende, el crujido toca las hojas de los mangles. Como esas gotas de la mañana son mis pechos y reflejan tu rostro en ellos. Me miras, estamos frente a frente sobre la canoa, nos recostamos de nuevo. Mucho gusto, soy Mayra y sé que eres Jose. Así me dices, así te digo. Conocimos nuestros nombres sobre las aguas. Caen los goterones, también llueve la guerra, lo sabemos. Así está la ciénaga, revuelta y triste. La lluvia toca nuestras voces. La canoa es un lienzo ligero, aún adentro llueve silencio y sólo dos pares de ojos se miran, tu rostro se refleja en mis dos gotas translúcidas. Tu piel es danza bajo esa lluvia. Sentados así, desnudos y con el sabor del uno en el otro, la mirada no cesa, los peces están sobre nuestras piernas, tus manos sobre mis párpados, tus mejillas sobre mis pechos. La piel está envuelta en humores. Mucho gusto conocerte al fin. El silencio de nuevo, el silencio y la lluvia.

Angélica Hoyos Guzmán

MÍSTICA NATURAL

No es un simple juego de la mirada, es más que una abstracción matemática newtoniana. Ella siente que en esa caída hay una *canción natural a través del aire*. Un sonido contagioso que desprende nuevas hojas y luego las compara con quienes han partido. La hoja, después de mucho resistir, se suelta. Con el tiempo, el pueblo olvida que ese hombre tenía pulso, risa y bebía el aire de las garzas. La hoja, según el ritmo del viento, danza, canta, da la vuelta. El envés rugoso la acerca a su trayectoria final. Sí, ahora la hoja está a sus pies, hace parte del paisaje del árbol. La hoja es el recuerdo de los nuestros que bailan al son de la vida. Si el dorso de ese guayacán hablara, sus ramas nos darían los nombres. Los agujeros en la corteza contarían una noche innombrable cuando todos huimos, menos los árboles que gritaron hacia adentro.

Los guayacanes son nuestros muertos, buscan palabras mientras caen las flores.

Exilio para los raros

Corre el río y entra en el mar
y su agua es siempre la que fue suya.

FERNANDO PESSOA

EXILIO PARA LOS RAROS

Así somos los raros: solitarios,
delirantes y tercos como los toros.
Déjenos conjurados en la sílaba,
en los atardeceres,
en los eclipses,
somos ese caballo que corre por las avenidas.
Déjenos mirando perdidos hacia la semilla,
hacia los árboles y los pericos
que arraigan en las nubes.
Los raros, lo miramos a usted
a los ojos y murmuraremos su sangre,
el cotilleo no impedirá que fragüemos
sobre usted lo que hay de nosotros.
Déjenos, respetado público,
pues su tronco recio nos incomoda,
nos saca del agua turbia del sueño.
En el fondo de los raros arde el fuego
para la juntura, la revuelta,
la rareza nuestra
que es de usted, del que vuelve,
del que siempre está partiendo.
Otra vez aquí los raros,
—con nuestras serpientes y
nuestros hechizos—
solo a nosotros hacemos daño,
así en la tierra como en el cielo.

AMANTES

La palabra: ese cuerpo hacia todo.
ROBERTO JUARROZ

A todos los amé:
hombres y mujeres.
Vengo de sus cuerpos:
letras encendidas
de surcos hondeados
en la corriente.
Anduve exiliada
y la muerte no disolvió
mi noche con sus luces.

¡He aquí mi tribu de agua!
La patria fue prestada.

PUNTOS DE FUGA
[Declaración de amor a Remedios Varo]

Basta caminar de la única
forma posible:
con el lenguaje de los sueños.

Veo los pobres pájaros arrastrando
las plumas pesadas
de la envidia.

Al cerrar un ojo
la bruja que soy tejerá el mundo,
el mar será un tapiz finísimo
mi pócima un brillo sobre su piel.

Aquí intento mirar con ojos de búho,
ser leopardo, loba y luz de luna.

En medio del bosque,
en la negrura más larga,
abro las puertas.

FIEBRE DE SENTIR
[En una parada de bus hacia Lisboa]

Hay en el cielo más galaxias de las que intuyo. Mientras espero, viniste a verme. Lo sabías en el idioma y en la incredulidad del paisaje. Me viste pasar por tus nombres y supiste que era yo esperando el bus que me llevaría a Lisboa. No al país de tu lengua, sino a este que las mujeres gloriosas van dejando cuando sienten la calle pesada.

Tu sabías estar en mi vigilia, también que la perfección era un decir. Conocías el camino del centro hacia la cabeza y el camino de regreso de todos nosotros. Fuiste más que esos pocos que pudiste ser. ¡Soy afortunada! Hoy fuiste también una mujer en la estación. Te sentí meditativo y plácido al mismo tiempo, me aligeraste el rocío de los párpados. He imaginado que estabas aquí entre mis senos.

Lo escribiste en una servilleta, las estrellas y el destino son más complejos que los nueve planetas. De pie aquí en este paraje, multiplicado y único, pudiste saber el punto exacto donde dobla la avenida. Como yo, en esta vía láctea, donde me quemo.

POETA QUE NO ESTÁ EN HARLEM
[Elegía a Lorca]

A mí no me llegó el poeta desde Nueva York,
en la provincia lo distante me fue negado.

En mi casa recitaban *La casada infiel*,
en una biblioteca de diccionarios mudos
yacía entre la Lexis y el Almanaque de Bristol.

Te leí con el tornamesa de fondo, donde sonaba
una canción que hablaba de una luna
entre los álamos.

En medio del olor del aguardiente,
supe de tu destierro y
me llegó el frío de tu muerte.

Te hubiese gustado escuchar
recitar El Romancero
en aquel jolgorio de mi infancia.

Te lo dije en un poema:
me hierve la sangre en la boca del toro,
me enmudece la guerra.

RAÍZ ANGÉLICA
[A Meira del Mar]

Cuánto germina el alma.
Cuánto me ha costado dejar de creer.

Empeñada en la renuncia de las horas,
en el romance adolescente con la lluvia,
no he dejado de ser niña,
ni tú dejaste de *ser habitante*
de niebla entre los otros.

Te atreviste a ir contra las olas,
a cantar como sirena
en las islas violentas de los hombres.

Mientras mi suerte me abandona,
los pies engendran nuevas ramas
y este follaje sigue desnudándome.

Persevero en el nacimiento de los lirios,
en el barro me nombro.

POEMA ANTÓNIMO
[Amé a Neruda]

Me gustas cuando escuchas porque estás como presente,
y te hablo desde cerca y mi voz te alcanza.

Parece que los ojos se te hubieran sembrado
y parece que mi beso susurra en tu boca.
Como muchas cosas estoy tocada con tu alma
y emerjo de las cosas llena del alma mía.

Soy mariposa negra y también ilumino,
y desde tu espejo me muestro vanidosa y sonriente.

Me gustas cuando escuchas y estás como atento,
y estás como esperando la sangre en mi palabra.

Y te hablo desde lejos y mi voz ya te toca.
Déjame que te corte el ombligo con la mirada.
Déjame que te hable también con este asombro.

Soy armoniosa y despejada como el día.
Mi palabra abre y aviva tus ramas.

Me gustas cuando escuchas porque estás como vivo;
sosegado y desnudo como en tu primer llanto.

Y mi voz, entonces, germina,
y los cantos de todas las mujeres te hablan,
y eso me basta.

ESPEJOS

[A Juana, mi Sor]

Cuánta desazón,
cuánto me pica el alma
mientras leo tus versos.

Feroces por el saber
fuimos las huérfanas de pelo corto
arrancándonos los piojos y la luna.

Nos supieron peligrosas,
las libres en la jaula.

Fuimos un par de amantes,
que se entregaron a la boca del puma,
que celebraron una misa de muertos.

Angélica Hoyos Guzmán

DOMÉSTICAS
[Correspondencia no enviada a Sylvia Plath]

Páginas entre barrotes,
y un sexo que pesa
con los juegos infantiles.

Una luz en la rendija
pronuncia la libertad
con lengua delirante.

Tu piel papel de arroz
y tus lágrimas ahogadas,
rondan desde la infancia.

El partir a tiempo
de quienes
saben que la vida
es demasiado.

Tu palabra
se queda en el humo,
se tatúa en la muerte.

EL HECHIZADO
[Sueño con Gómez Jattin]

Rasgas el grito y lo lanzas al aire.

Yo recojo los pedazos de la acera,
los empuño contra mi frente.

Dejas una estela blanca
de hojas arrugadas.

El río de mi poema sabe
de las garzas que volaron de tu boca.

Solo los dueños del delirio entran al Pabellón,
enseñan el arte de despojarse del veneno.

"Un poema que no está completo
no puede vivir".

TEMBLOR

[Los últimos días de Roque Dalton]

La primera vez que el padre abrazó a su hijo
los brazos se hicieron un nudo;
la tierra se llenó de grietas.

El cuerpo del padre, bajo el frío de la luna,
estremeció los árboles en el fondo
del pecho de su hijo.

Se soñaron frente al mar:
el padre serviría de carne
para las hienas.

Un padre es una vela;
el hijo, el fuego que la enciende.

EL PRÓXIMO CAPÍTULO
[Respuesta a Izet Sarajlić]

La nebulosa de Orión mira hacia Sarajevo.
Las luces de los proyectiles parecen
el nacimiento de las estrellas.

Han partido los fantasmas.

Desde la costa del mar Adriático
volvemos a repoblar las calles destruidas,
las escuelas bombardeadas,
el pan en la sangre de la familia.

Los hijos de mis nietos
mirarán hacia el cielo
y sobre su piel caerá
una lluvia cristalina.

No pensarán en este poema,
que tanto los avergüenza.

EL NIÑO
[Entre misivas de Rilke]

Leo tus cartas un siglo después.

En aquellos parajes de tus pasos
imagino al niño asombrado.

Quiero hallar el abrazo
—de su mano delicada y furiosa—
contando la historia de lo invisible.

Estremecido con los ángeles,
ahogado entre los pinceles.

El niño y yo somos el cántaro,
recogemos de tus manos el agua.

ROSAS NEGRAS, ROSAS BLANCAS
[Ajedrez de César Vallejo]

Te había escrito aquel poema acerca
del olor amargo del nacimiento.

La muerte ha sido cifrada
como lección de cada día.

Mi rabia de ti,
de tu vocal fulminante,
no me dejaba escuchar el olor
de las flores recién cortadas.

Tras la ceremonia
me acerqué más a tu pecho,
encontré los sacramentos de los tristes,
la compasión en los versos.

Pétalo tras pétalo me fui haciendo
un ramillete de vida.

En París donde me trazaste,
una lluvia para no morir.

A ELLAS QUE SE DESEAN
[Con la voz en off de Vicente Huidobro]

No sabes cuántas gaviotas han pasado
de boca en boca,
de piedra en piedra,
desde tu viaje en caída libre.

Una mujer
cita tus golondrinas
para enamorar a otra.

En la distancia del XXI
se envían
pájaros, fotografías,
estrellas instantáneas.

Desde la tierra ven los fulgores.
El ojo engaña a las dos mujeres,
que ahora se aman
sin tocarse.

Tu luz y tu velocidad
descienden sobre Valparaíso,
sobre las manos que desean el aire,
sobre los labios que ansían el fuego,
sobre la vida que es vino
y es tedio.

La mañana cuando se conocen,
te vuelves redondo,
sol eterno entre dos pechos.

No importa ahora
dónde fue el descenso,
los relámpagos se han marchado,
los apilamos en nuestras manos.

ODA AL HERMOSO MARICA

[A Walt Withman en una calle de Santa Marta]

Eres el sol que más ilumina desde la suela del zapato.
Entregaste juventud y te sentaste sobre
el crepitar de la hierba.
Querías cambiar el mundo con un libro,
acompañaste a los moribundos de la guerra
en las horas de la entrega ante la muerte.
¡Oh, mi señor! ¡Oh, vida!
Después de todas esas páginas
de romero, albahaca y ruda
te entregarías a la tristeza
al ver cómo exorcizan a los hombres
en el púlpito del protestante
y en la vitrina de la oferta y la demanda.
Por suerte tus luminiscencias
no temen a los denunciantes,
sabes que el amor es más que la palabra.
Recibes a los postrados ante el banquillo,
a los solitarios, a los maricas,
a los suicidas y los conversos del mundo,
en la cima fresca de tu lecho,
en la orgía de tus estrellas.

LA ANCHURA DEL MAR

[Encuentro en la costa con Blanca Varela]

Nos sujeta la noche.
Hay una historia en cada ola.

Viene la música a borbotones,
en capullos rojos
se van las raíces
hacia el fondo memorioso.

Palpitamos en el oleaje.
La sangre nos reclama
su nítida paciencia.

Aquí en la arena,
frente a frente
—ella con los pies descalzos,
yo con un vestido amarillo—
hemos venido a reptar,
a moldar el barro,
a ser vasija.

Dejamos como huella
una negrura insurgente.
Se sabe escrita la bruma,
la espuma rompe contra las piedras.

Vinimos a escuchar la fuerza del mar,
vinimos a nacer de nuevo.

ACERCA DE LA AUTORA

ACERCA DE LA AUTORA

Angélica Hoyos Guzmán nació en Barranquilla, Colombia, en 1982. Su familia es una mezcla entre las colonias Santandereanas migrantes hacia el norte de Colombia y la herencia del Urabá antioqueño con las mujeres caribeñas. Por eso se define a sí misma como costeña andina, ha vivido su infancia y adultez entre Santa Marta y Bogotá. Sus dos hijos nacieron en Santa Marta.

Estudió Licenciatura en Lenguas Modernas en la Universidad del Magdalena. Se ganó una beca del Seminario Andrés Bello para hacer su maestría en Lingüística Española en el Instituto Caro y Cuervo, su tesis fue sobre la "Sintaxis narrativa de dos generaciones de mujeres de la comunidad de pescadores de Taganga, Santa Marta".

También hizo una maestría en Literatura colombiana y latinoamericana en la Universidad del Valle, se graduó con una tesis laureada titulada: "Una generación emboscada. Julio Daniel Chaparro y Tirso Vélez: poetas asesinados durante el conflicto armado en Colombia". Desde Cali se desplazó a Quito, Ecuador, para estudiar el programa de Doctorado en Literatura Latinoamericana de la Universidad Andina Simón Bolívar. Actualmente está en proceso de sustentar la tesis: "Poesía testimonial y sobrevivencia en Colombia: afectos, justicia y memoria del conflicto armado (1980-2019)".

Le apasiona la academia y la docencia, investiga principalmente sobre literatura colombiana. También ha desarrollado proyectos de documentación en diversidad lingüística y cultural en el Caribe Colombiano a través de su participación y liderazgo en la línea de investigación en Oralidades, lenguas y literaturas diversas del Grupo "La Oraloteca" del Programa de Antropología, donde ejerce como docente hace 3 años.

Tiene publicados varios artículos científicos y divulgativos en Colombia, Latinoamérica y España. Tiene publicado un libro de poemas cuyo título es *Hilos sueltos* (Madrid, España, 2014). Ha publicado un proyecto de fotografía y poesía titulado *Cosas del Caribe*, y ha sido también incluida en varias antologías internacionales de la poesía contemporánea en Colombia y Latinoamérica.

Su interés en la difusión cultural la lleva a gestionar programación en varios espacios de la ciudad de Santa Marta. También se ha desempeñado como docente de escritura creativa en narrativa para las comunidades Wiwa, Wayú y Afro en el Caribe colombiano.

Adicionalmente se ha desempeñado como editora de las revistas culturales Heterotopías y Atarraya Cultural de la Universidad del Magdalena y ha compilado el libro de narrativa escrita por mujeres *Virginia & Co* (Bogotá, 2019) como parte de la de la Editorial Lugar Común.

ÍNDICE

ESTE PERMANECER EN LA TIERRA

Colección
MUSEO SALVAJE
Poesía latinoamericana
(Homenaje a Olga Orozco)

Para quienes piensan, como Rainer
María Rilke, que la escritura es una ne-
cesidad de responder la pregunta por
la existencia, aunque el paraíso nos sea
negado desde sus raíces, este libro se
terminó de imprimir simultáneamente
en el mes de abril de 2020 en los Es-
tados Unidos de América; en Buenos
Aires, en Abisinia Editorial; y en Bo-
gotá, en los talleres de Imagen
Editorial, en papel bulky de 59.2 g. y
tipografía Garamond, con un tiraje de
300 ejemplares.

www.ingramcontent.com/pod-product-compliance
Lightning Source LLC
Chambersburg PA
CBHW022034090426
42741CB00007B/1064